ÉLISA VERNEUIL

(De la Comédie-Française.)

SOUVENIRS DE SA VIE

Par Alexandre FROMENTIN

Auteur de l'*Essai historique sur Yvetot
et ses environs:*

PARIS

CHEZ TOUS LES MARCHANDS DE NOUVEAUTÉS.

Bruxelles. — Chez Périchon, Demat, Stapleaux, libraires.
Rouen. — Chez tous les Libraires.

1847.

Rouen. — Imp de A. PÉRON.

ELISA VERNET,
de la Comédie Française.

A MADAME

HENRI MONNIER.

Madame,

Votre nom deux fois célèbre, et par les précieuses qualités de votre talent dramatique, et par le mérite littéraire et artistique de votre mari, votre nom, placé en tête de ce Recueil, aura le privilége d'appeler l'attention.

Je me suis flatté de l'espoir que vous accepteriez la dédicace de ce livre, en souvenir d'Élisa Verneuil, que vos regrets ont suivie dans la tombe.

Permettez-moi donc, Madame, de donner à cet opuscule votre nom pour égide ; le suffrage de la femme spirituelle, de l'artiste si originale et si vraie dans toutes ses créations, préviendra favorablement, et gagnera sans doute à l'auteur la bienveillance publique.

Veuillez agréer, Madame, l'hommage de ma sincère admiration,

Alexandre FROMENTIN.

INTRODUCTION.

Les enfans du siècle valent mieux que leur réputation. On les taxe d'égoïsme, cependant ils sont souvent équitables et généreux ; le fait que nous allons citer en est une preuve entre mille.

Une femme, non moins célèbre au théâtre par son talent et sa beauté, que par les jalouses tracasseries dont elle a été trop long-temps l'objet ou plutôt la victime, succombe, jeune encore, à la suite d'une longue et douloureuse maladie. C'est là une de ces misères de la vie humaine, trop commune pour faire événement, une de ces tristes péripéties devant laquelle le public d'autrefois, même celui de Paris, toujours si prompt à s'impressionner, serait resté froid et indifférent ; mais en ce temps si sévèrement jugé, les nobles instincts du cœur sont plus faciles à émouvoir. En effet, la mort de cette femme a excité une vive et pénible sensation, d'unanimes regrets, et, sous cette vive impression, la première pensée qui est venue à l'esprit de ses amis (car elle avait conservé des amis d'un dévouement inappréciable parmi les admirateurs de sa gloire théâtrale, parmi les anciens camarades qui avaient partagé ses succès), leur première pensée, disons-nous, fut d'élever un monument littéraire à la remarquable comédienne, de recueillir tous les faits d'une vie consacrée aux études de la scène, de perpétuer enfin le souvenir de son passage en ce monde, en publiant sa biographie.

Cette mission d'honneur devait être ambitionnée par tous les hommes qui savent tenir une plume. Tous auraient saisi avec bonheur l'occasion d'écrire une histoire dont l'héroïne s'est si souvent fait remarquer par cet entraînement de cœur qu'a célébré Béranger.

On conçoit, dès-lors, que ce conflit de sentimens généreux a dû nécessairement donner lieu à des retards, à des hésitations, non à cause du mérite de l'écrivain (tous se seraient sans doute acquittés convenablement de cette tâche), mais par suite de l'embarras du choix. Cette circonstance explique le long délai qui s'est écoulé entre la mort de mademoiselle Verneuil et la publication de sa notice biographique.

Plusieurs mois se passèrent avant que la résolution des amis de cette éminente actrice fut arrêtée ; leurs suffrages ne tombèrent point sur un écrivain en renom, ce fut un encouragement donné à un jeune homme qui, à la vérité, a déjà publié quelques essais dans un autre genre, mais qui n'a pourtant accepté qu'en tremblant le travail qui lui était confié. Puissent ses forces ne pas tromper son courage ; s'il suffit, pour bien faire, d'être bien inspiré, il sortira avec succès de cette épreuve !

Constatons d'abord le caractère de cette association toute fraternelle, qui s'est formée en vue de rendre un hommage public à la mémoire d'une artiste distinguée, et lorsque nous aurons indiqué par quelques grands traits la nature du talent de cette femme de mérite, nous dirons dans quelle circonstance un homme de bien, dont nous regrettons de ne pouvoir livrer le nom à la publicité, a cru devoir provoquer le concours des anciens camarades de l'actrice pour réaliser cette bonne œuvre et cet acte de justice ; nous nous serons ainsi préparé à raconter les faits saillans de la vie de mademoiselle Verneuil.

Le respect dû à la vérité exige que nous fassions connaître que tout l'honneur du modeste monument que nous élevons à la mémoire d'Élisa Verneuil, revient de plein droit à l'ami qui lui est resté fidèle jusqu'au dernier jour de sa vie.

On se demandera sans doute quel est cet homme de haute intelligence qui a su si justement apprécier et le talent dramatique de la comédienne et les qualités précieuses, aujourd'hui si rares, de la femme du monde ? Messieurs les Membres des mille Compagnies savantes de la Cité neustrienne vont se compter, s'interroger tour-à-tour ; les heureux de ce monde qui, grâce à la fortune ou aux priviléges de la naissance, occupent une place réservée dans la société, se demanderont peut-être quel est celui d'entre eux dont l'esprit et le cœur ont été si bons juges. Eh ! Messieurs, ce n'est ni ici ni là qu'il le faut chercher. L'ancien ami de mademoiselle Verneuil n'a aucune prétention à la science, il n'appartient à aucune académie ; ses connaissances de l'art, il ne les doit qu'à ses propres inspirations, à ce délicat toucher de l'âme qui sait distinguer ce qui est beau et ce qui est bien ; ses connaissances du cœur humain, il les a prises dans l'étude du for intérieur et des observations intimes ; c'est un homme sans ambition, qui, content du bon témoignage de sa conscience, fier de l'estime publique,

Vit dans l'état modeste où les Dieux l'ont placé.

Lorsque le projet de cet homme de bien fut connu, il vit venir à lui, avec l'empressement d'une vieille amitié, les anciens camarades de l'actrice célèbre ; Romainville, la dernière expression du comique de la grande comédie, le type du valet raisonneur ; Delafosse, le comédien de haute école, qui a conservé dans toute leur pureté primitive les bonnes traditions de l'art illustré par Molière.

A Romainville et Delafosse, ces deux talens que la ville de Corneille a enlevés à la Comédie-Française, est venu se joindre ce modèle si exact et si vrai de la femme des romans populaires, l'actrice si habile à rendre la grisette de tous les temps, la grande dame par aventure, la paysane naïve ou matoise, et toutes les capricieuses créations du crayon spirituel de son mari; vous dire son nom, c'est inutile, vous l'avez deviné : quel autre nom, d'ailleurs, que celui de madame Henri Monnier pourrait venir à la pensée ?

Tous avaient quelques pierres à apporter au monument; ils avaient gardé souvenir de l'artiste dont ils avaient partagé les succès, ils avaient appris à l'aimer, à l'estimer, ils ont mis en commun leurs bons souvenirs et fourni les principaux élémens du travail; de ce concours, enfin, est née la notice que nous publions.

Il était donc réservé à des gens que la charité chrétienne a déclarés hors la loi évangélique, dont le public juge sévèrement la vie privée, de donner l'exemple d'un accord si parfait pour glorifier le talent précieux et les qualités nobles d'une excellente camarade; admirable exemple que nous proposons au monde élégant et au monde dévot, rongés l'un et l'autre par le démon de l'envie, à ces deux classes de la société où l'on se déchire à belles dents, où le dévouement se mesure à l'intérêt personnel, où l'égoïsme est le mobile de toutes les actions.

Elisa Verneuil n'était pas de ce monde si paré à la surface, si hideux au fond; initiée de bonne heure à la religion du beau, elle en avait étudié avec ardeur les principes, et cette étude avait développé en elle des instincts généreux et de nobles sentimens.

Toute sa vie, elle est restée fidèle aux bonnes traditions de l'art; elle avait embrassé d'abord le culte des Corneille, des Racine, des Molière, des Voltaire; plus tard, en parcourant un champ plus vaste, si non plus élevé, elle fut encore guidée par ce goût délicat et sûr qu'elle avait acquis dans le commerce intime des grands maîtres; elle sut toujours éviter les extravagances de cette nature d'exception, chauffée par la fièvre ou l'ivresse, bondissant, se tordant, déchirant ses entrailles de ses propres mains, en dehors enfin des limites posées par Aristote.

Mademoiselle Verneuil n'est donc pas restée stationnaire; elle sut faire valoir tout ce qu'il y avait de vraiment beau dans la doctrine nouvelle; elle aussi a été romantique, mais à la manière de notre poète national, Casimir Delavigne, en respectant la pudeur publique et les susceptibilités de la raison humaine.

C'est à cette réserve intelligente et digne qu'Élisa Verneuil dut sans doute d'avoir toujours conservé, en dépit des mille tracasseries qui lui ont été suscitées, la faveur publique, l'estime de ses camarades, et l'amitié de l'homme de bien qui a voulu rendre ce témoignage public à sa mémoire.

ÉLISA VERNEUIL.

—⊷☙⊶—

Les tables de la nécrologie ont recueilli un nom dont le théâtre s'est long-temps énorgueilli.

Ce nom, cher aux fidèles partisans des bonnes traditions de l'art dramatique, est celui de mademoiselle Élisa Verneuil, ancienne pensionnaire de la Comédie-Française.

Elle est née à Meaux, en 1804, et ne dut son éducation qu'à elle-même.

Dès l'enfance, un goût prononcé pour l'étude de la déclamation se manifesta chez elle ; toutes les récréations de la petite fille furent employées à réciter des tirades de Corneille ou de Racine.

Douée d'une de ces intelligences qui ne peuvent rester inaperçues, la jeune Verneuil fut un jour présentée à un littérateur qui jouissait alors d'une grande autorité dans la presse et au théâtre : M. Évariste Dumoulin, directeur du *Constitutionnel*. L'homme de lettres fut frappé de la pureté de son organe ; il pressentit ses dispositions pour l'art théâtral, et voulut être le premier à les révéler aux membres de la Comédie-Française.

Ceci se passait en 1820. Le journaliste l'engagea à apprendre le rôle d'Agnès de l'*Ecole des Femmes*.

Cette étude demanda peu de temps à la future actrice. Le jour fixé pour l'épreuve, on la présenta chez Talma, et elle y débita les vers de Molière avec une finesse si extraordinaire, une ingénuité si candide, des intentions si pleines de naturel, que le grand tragédien n'hésita pas à se prononcer favorablement sur l'avenir de la *petite Élisa*.

Mademoiselle Verneuil réunissait, à une intelligence transcendante, tous les charmes de la beauté. L'ovale parfait de sa figure offrait un délicieux ensemble de lignes d'une élégance exquise, et irréprochables dans leur régularité. Son sourire seul exerçait un prestige auquel on ne résistait pas. On eût dit qu'une bonne fée avait présidé à sa naissance. La nature, jalouse de parfaire son œuvre, l'avait aussi douée d'une taille élancée, d'une tournure des plus gracieuses; mademoiselle Verneuil, en un mot, fut, sous tous les rapports, une beauté accomplie.

En écrivant ces lignes, nous aimons à nous la rappeler encore aux derniers temps de sa gloire, lorsque, le front illuminé par un de ces éclairs de génie qui lui étaient familiers, elle nous tenait captifs sous le charme des plus saisissantes impressions.

Ses grands yeux, où étincelait la vivacité de son esprit, reflétaient la sensibilité de son âme, et trouvaient rapidement le chemin du cœur. L'étude, la méditation, et de vives préoccupations ont, presque de tout temps, imprimé à sa physionomie une rêveuse mélancolie dont elle-même ne put jamais se défaire.

L'espoir d'embrasser enfin la séduisante carrière vers laquelle l'entraînait une réelle vocation, l'enivra de bonheur; une louable vanité se mêla à sa joie; son jeune cerveau enfanta mille rêves dorés. Rapide comme l'éclair, sa pensée, traversant toutes les phases attrayantes de la vie artistique, lui fit savourer en perspective le parfum des fleurs du public, et fit retentir dans son imagination le bruit des ovations frénétiques de la foule. Ces pompeuses images passèrent et repassèrent cent fois dans son esprit, qui, sans défiance, accepta l'augure de cette illusion caressante !

Hélas ! pauvre jeune femme, fallait-il que tous ces fantômes séducteurs qu'avait évoqués, au début de ta course, la conscience de ton mérite, se dissipassent aux lueurs de l'ingrate réalité !!

Le germe de son talent ayant acquis un sensible développement, grâce aux veilles continuelles qu'elle s'était imposées, deux ans d'études exclusives au Conservatoire suffirent à notre élève pour être en état de débuter à la Comédie-Française.

Elle y parut pour la première fois dans le rôle d'*Iphigénie*, et le public, par ses applaudissemens, signa à la jeune actrice ses lettres de naturalisation sur la première scène du monde.

Ce succès fut bientôt suivi d'un autre. L'effet qu'elle produisit dans Junie de *Britannicus*, et dans Ophélie d'*Hamlet*, fit le sujet des causeries parisiennes ; le monde élégant et littéraire s'émut des promesses de ce talent naissant, et la critique, dans son impartialité, accueillit avec une bienveillance légitime les premiers pas de Verneuil.

Ainsi encouragée, la nouvelle pensionnaire du Théâtre-Français sentit un noble orgueil gonfler son sein. Les modèles illustres dont elle se trouvait entourée, secouant sur cette jeune âme les vives étincelles du feu sacré, y allumèrent bientôt une soif de célébrité qui ne devait s'éteindre qu'avec elle.

Certes, mademoiselle Mars n'eut jamais d'admiratrice plus passionnée qu'Élisa Verneuil. L'immense talent de la comédienne incomparable fut toujours pour elle l'objet d'un culte [1]; mais, à ce propos, il est de notre devoir de détruire une erreur

---

[1] Élisa, encore élève du Conservatoire, allait assez fréquemment, accompagnée de sa mère, dans les coulisses et au foyer du Théâtre-Français. Une fois, mademoiselle Mars ayant à jouer un rôle du répertoire classique, portait une robe blanche, semée de petites palmettes d'argent. Dans un mouvement précipité que fit l'actrice à son entrée en scène, un de ces ornemens se détacha et alla rouler aux pieds de Verneuil. L'élève, qui avait tant de vénération pour le grand talent de mademoiselle Mars, releva la fleur d'argent, la conserva, et, dans une sorte de superstition qui n'avait rien que de louable, elle la porta pendant long-temps sur elle, comme un précieux talisman.

qui s'est accréditée aux dépens de sa propre réputation, car cette erreur fut une des causes des longs chagrins de sa vie.

On a souvent prétendu qu'elle s'attachait à copier servilement mademoiselle Mars. Rien n'est moins vrai.

Au théâtre, comme dans les autres arts, s'inspirer d'un talent célèbre n'est pas le copier. Le véritable artiste adopte, en tout ou partie, la manière de tel ou tel grand maître; il appartient à son école, il suit sa doctrine, mais il ne cherche jamais, dans ces sources fécondes, autre chose que des inspirations pour servir au développement des élémens de sa propre originalité. Ensuite, nous savons que la nature capricieuse engendre des êtres doués d'avantages, et favorisés de qualités complètement identiques. La similitude extérieure qui régnait entre mademoiselle Mars et mademoiselle Verneuil, indépendamment de la volonté de celle-ci, s'expliquera plus facilement quand nous aurons fait connaître qu'une ressemblance, si extraordinairement frappante qu'elle donna lieu à plus d'une méprise, existait entre la célèbre actrice et la mère d'Élisa. Et puis, sans aller chercher au théâtre des preuves à l'appui de cette assertion, le monde ne nous en fournit-il pas tous les jours des exemples fréquens?

Vouloir établir une sorte de parité entre ces deux femmes, serait nuire à la mémoire de mademoiselle Verneuil ; nous respectons la distance qui séparait leurs talens, mais nous n'hésitons pas à avancer avec un spirituel critique, M. Charles Maurice, que mademoiselle Verneuil « fut l'artiste « qui marcha le plus exactement sur les traces de « la grande comédienne.[1] »

A son admiration naturelle pour le génie des Mars, des Duchesnois, des Talma, des Lafont, des Firmin, des Armand, des Michelot et des Baptiste, vint aussitôt se joindre la volonté de marcher sur les traces de ces héros de notre scène et de les égaler : volonté absolue, souveraine, qu'elle eut accomplie sans toutes les entraves que d'ombrageuses rivalités semèrent sur son passage.

---

[1] *Le Coureur des Spectacles*, du 27 octobre 1846.

En effet, tout semblait promettre des triomphes certains à mademoiselle Verneuil, lorsque l'expérience, cette vérité implacable, vint lui démontrer que le talent, quel que soit le degré d'élévation qu'il atteigne, n'est pas la seule condition exigée pour régner au théâtre. Dans la droiture de son caractère, elle n'avait pas compris, elle ne pouvait comprendre que ces femmes au sceptre d'or, trônant au milieu d'un nuage d'encens, eussent été précipitées de leur piédestal le lendemain du jour où elles auraient cessé de descendre à de basses intrigues.

Il répugnait trop à sa sagesse de se courber devant des gens qui ne prêtent leur assistance versatile qu'à des taux révoltans, pour qu'elle consentît jamais à recourir à aucun moyen humiliant. D'un autre côté, la jalousie qu'elle inspirait à quelques camarades, ne tarda pas à lui susciter, de leur part, des tracasseries sans nombre qui la découragèrent.

Les personnes qui, par état, connaissent les manœuvres ourdies dans l'ombre de la coulisse,

les luttes incessantes livrées au talent réel qui veut se faire jour, comprendront que la pauvre Verneuil, dont la destinée d'ailleurs était de voir ses plus chères espérances déçues les unes après les autres, ne pouvait guère échapper aux atteintes de ce fléau.

Le lendemain des succès qui avaient récompensé la ferveur de ses études, la débutante se vit tout d'un coup privée de la possibilité d'en obtenir de nouveaux. De sourdes menées avaient déjà conspiré contre elle ! Il lui fallut renoncer à la gloire de ceindre le diadème, d'agraffer la tunique romaine, et de chausser le cothurne. Désormais, d'insignifians bouts de rôles furent toute la part qu'on lui réserva dans le répertoire de la Comédie-Française.

Mademoiselle Verneuil attribua la cause de ces injustices à des influences non moins puissantes qu'intéressées, mais elle sut prendre son mal en patience, et on ne l'entendit jamais se plaindre.

Cependant, le démon de la comédie qui embrasait son âme, et sous l'empire duquel se concentraient toutes ses pensées, finit par s'indigner. Elle résolut de sortir de l'affreuse torpeur où végétaient ses heureuses dispositions, et la fleur qui ne demandait au ciel des arts qu'une goutte de rosée pour s'épanouir, la reçut enfin au théâtre de l'Odéon, qui l'accueillit par de bruyans applaudissemens.

On y monta pour elle le *Secret du Ménage,* que, déjà, elle avait joué à la petite salle Chantereine, comme études préparatoires, et de justes applaudissemens couronnèrent le talent que l'actrice sut déployer dans cette pièce.

Nous croirions notre tâche incomplète, si nous nous bornions à signaler les succès dramatiques d'Elisa Verneuil. Nous aimons le talent sans doute, mais nous avons toujours donné la priorité aux qualités du cœur, et ne rendre justice qu'à l'habile comédienne, serait être oublieux et ingrat envers la femme. Nous tâcherons donc de montrer l'une et l'autre.

De tout temps, une profonde abnégation régla la conduite de mademoiselle Verneuil. Elle vit d'un œil d'indifférence les éblouissantes futilités du monde. Son goût pour l'étude l'emporta toujours sur l'amour des plaisirs. Le luxe et la toilette n'eurent d'attrait pour elle que par l'unique raison qu'ils concourent à l'ensemble et ajoutent aux exigences du bel art qu'elle aimait avec passion. Aussi, hors du théâtre, la modestie de sa mise contrastait-elle avec l'élégance de ses camarades. Il est vrai que ses appointemens annuels à la Comédie-Française ne s'élevaient guère à plus de 2,400 fr. dont, encore, sa famille absorbait la plus grande partie.

Une pensée généreuse fut constamment son point de départ dans les actes de sa vie intérieure; elle s'évertuait à se faire chérir des personnes qui l'entouraient, et on peut dire qu'elle rencontra autant d'amis dévoués qu'elle eut de connaissances. Parmi les éminentes qualités qui la distinguaient, sa probité doit être mise en première ligne. Certes, une ame aussi délicate, aussi exempte d'artifices, n'avait pas d'asile pour la méfiance; elle ne pouvait soupçonner qu'on cherchât à abuser sa bonne foi. Cependant, cela est pénible à dire, il s'est trouvé parmi ceux mêmes qu'elle avait crus dignes de son affection, des gens qui ont eu le triste courage d'exploiter sa franchise et son bon cœur, en lui faisant prendre, dans une généreuse abnégation, des engagemens dont elle ne sut pas ou ne voulut pas calculer l'importance.

A cette pensée, le cœur bondit d'indignation, et le courage nous manque pour flétrir ce honteux abus de confiance ! Et, lorsque l'on pense que la malheureuse Elisa accepta sans murmurer cette lettre de change tirée sur son avenir ; qu'elle fit honneur à sa signature quand même ; que loin de demander une réparation aux tribunaux, de les appeler à juger la valeur de ces billets, elle consentit à laisser prélever sur ses appointemens leur importance, qu'elle les acquitta tous jusqu'au dernier, on se demande s'il existe dans le monde, dans la retraite de la religion, de vertu comparable au dévouement de la comédienne, consacrant toutes ses économies à l'acquittement de ce qu'elle croyait une dette d'honneur.

Les premiers succès d'Elisa Verneuil, son esprit, sa beauté, et aussi le prestige attaché à sa position, lui attirèrent bientôt un assez grand nombre de soupirans. Des poètes, des littérateurs, des artistes, aspirèrent au bonheur de lui plaire. Les uns l'inondèrent de leurs brûlans sonnets, ou de leurs épîtres mielleuses, les autres cherchèrent à l'éblouir par de fabuleuses promesses. Tous ces moyens de séduction, si puissans auprès de la plupart des femmes, eurent une action bien faible sur le cœur de la véritable artiste.

Le froid accueil qu'elle faisait à toutes ces manifestations, n'avait cependant pas pour cause une sécheresse d'ame naturelle. Non, la fibre de sa sensibilité était au contraire susceptible de s'émouvoir profondément. Des rêves de gloire s'étaient plus d'une fois mêlés dans sa tête à de douces pensées d'amour que caressait sa jeune imagination ; mais ni l'éclat du nom d'un publiciste célèbre, ni la magnificence des présens d'un Crésus, n'auraient pu la tenter, car il n'entrait pas dans les vues de sa dignité d'abriter son talent sous l'égide de quelque plume protectrice, et encore moins d'accepter les offres d'un millionnaire, habitué à payer l'amour d'une femme de la même monnaie qu'il solde un cheval de race.

Elisa avait compris la tendresse tout autrement. Son cœur n'était pas à vendre; ce trésor sans prix était à donner. L'amour était pour elle un échange de sentimens nobles, désintéressés; une communion de pensées, de vœux, d'espérances et de peines; son cœur devait seul la guider dans le choix qu'elle aurait à faire.

Mais il est de vérité capitale que le destin, qui règle les doux mouvemens de l'âme, se fait un jeu de nos souffrances, et nous condamne à aimer souvent jusqu'à l'idolâtrie des personnes indignes de notre affection. La fatalité, qui semble s'être attachée à tous ses projets, voulut que la première passion de la sensible artiste ne fût pour elle qu'une source amère de déceptions et de chagrins, principe de cette mélancolie qui, toujours, lui montra les choses sous des couleurs plus sombres que celles de la réalité.

A cette époque, la présence de mademoiselle Verneuil avait attiré la foule aux théâtres où son talent se produisait; les recettes y étaient devenues fructueuses, les administrateurs s'en réjouissaient;

on rendait grâce à son talent, qui contribuait tant à cette prospérité. Mais ce genre de succès n'était pas celui que rêvait la noble ambition d'Elisa Verneuil. La scène du Théâtre-Français était sa seule préoccupation.

Talma, qui, dès l'abord, avait su l'apprécier, et lui portait un intérêt tout particulier, la détermina, en 1825, à aller donner quelques représentations à Bruxelles, où son emploi se trouvait alors vacant. A cette époque, le célèbre tragédien venait de prendre, envers le roi de Hollande, l'engagement de consacrer chaque année son mois de congé à des représentations au Théâtre-Royal.

Il fit à mademoiselle Verneuil la proposition d'exploiter avec elle la plupart des grands ouvrages du répertoire tragique, où elle était sûre d'avoir des rôles à sa convenance, et même, il lui promit de lui en faire créer de nouveaux.

Cet espoir ranima son courage; elle entrevit enfin un lumineux horizon de gloire et de bonheur.

et elle partit pour la Belgique sans hésitation et sans regret¹.

En se rendant à Bruxelles, mademoiselle Verneuil fut, pendant le trajet, assiégée d'une foule de vagues réflexions qui se heurtaient, se croisaient dans sa tête. La réputation que s'était acquise mademoiselle Wenzel, cette actrice que les Belges vantaient incessamment, dont ils étaient idolâtres et qu'elle était appelée à remplacer, occupait singulièrement sa pensée.

Depuis long-temps, le théâtre de la Belgique était célèbre par les talens qui y avaient brillé. Les dames Desbordes-Valmore et Petipa, toutes deux actrices du premier mérite, en avaient été l'ornement et la gloire, et, prétendre à leur héritage, n'était-ce pas beaucoup oser ? D'un autre côté, les journaux et le public allaient jusqu'à dire que l'ac-

---

¹ La mauvaise étoile qui semble avoir reçu la mission de poursuivre Verneuil, ne permit pas que ce brillant projet se réalisât. La mort de Talma vint, le 5 septembre 1826, y apporter obstacle, et briser les plus belles illusions de la jeune artiste.

trice qui devait succéder à mademoiselle Wenzel, était à coup sûr introuvable[1].

Toutefois, quelques légitimes qu'elles fussent, ces craintes n'arrêtèrent point la charmante transfuge, et ne devaient pas être, d'ailleurs, de longue durée, car, l'accueil qu'on lui fit détermina bientôt la direction à l'attacher au personnel du Théâtre Royal de Bruxelles.

Les Belges apprécièrent vite son mérite. Les qualités qui constituaient son talent lui gagnèrent bientôt une générale sympathie, mais ce fut surtout lorsqu'elle créa *l'Homme du monde*, que cette faveur acquit le caractère d'un véritable enthousiasme.

A la fin de la pièce, de chaleureux applaudissemens récompensèrent l'actrice qui avait attendri si profondément les cœurs, ému toutes les âmes, en peignant avec une vérité si palpitante

---

[1] Mademoiselle Wenzel, aujourd'hui madame Jaillard, a quitté le théâtre depuis long-temps. Elle habite Paris.

la candeur, la bonhomie, l'amour véritable, et toutes les angoisses de cette infortunée jeune fille, dont la vertu est aux prises avec les désirs dépravés d'un homme à bonnes fortunes qui, pour triompher de la pureté de ce cœur naïf, met en jeu tous les ressorts de la rouerie.

Après une création qui lui faisait autant d'honneur, mademoiselle Verneuil ne pouvait rester en si beau chemin. Quinze jours s'étaient à peine écoulés depuis la première représentation, à Paris, du *Mariage d'argent* de M. Scribe, que cet ouvrage était également monté à Bruxelles, et l'aimable madame de Brienne, de ce théâtre, obtenait un nouveau succès.

Cette pièce, comme *l'Homme du monde*, eut une longue suite de représentations, dont le fructueux produit remplit la caisse de la direction.

Une comédie, en cinq actes et en vers, de M. de la Ville de Miremont : *le Roman*, vint bientôt offrir à notre actrice une nouvelle occasion de montrer au public Bruxellois toute la souplesse de ce talent gracieux.

Les œuvres sérieuses étaient alors en grand honneur chez les Belges. Les *ut* de poitrine, les ronds de jambes et la pirouette n'avaient pas encore détrôné le noble talent du comédien. Melpomène, à Bruxelles, était la reine de ses sœurs. Appréciateurs judicieux, les habitans de cette ville n'accordaient leurs faveurs, comme la presse ses éloges, qu'au véritable mérite. Les beautés de nos auteurs classiques étaient l'objet d'un culte; car le drame échevelé de l'école romantique, armé de ses poignards et de toutes ses excentricités, n'avait pas encore désordonné, faussé les goûts, et égaré le jugement du public.

Les nombreuses créations, au succès desquelles Verneuil avait puissamment concouru, firent rapidement grandir sa réputation et la rendirent l'idole des Bruxellois. Mais les travaux exclusifs et pénibles qu'elle supportait depuis plusieurs années, ses veilles, les émotions de la scène, tout cela avait altéré sa santé. Elle attendait avec impatience la fin de l'année théâtrale pour prendre un peu de repos, et venir respirer l'air pur de la France.

Le 21 avril 1828, l'actrice monta en diligence, le cœur plein d'une joie égale à celle de l'exilé qui va revoir sa chère patrie. La nature était sortie de la léthargie où l'hiver l'avait plongée; les rayons d'un soleil de printemps avaient adouci la température. La campagne, débarrassée de son manteau de glace et de frimas, s'était déjà ornée de sa gracieuse robe verte, et la fleur de l'aubépine exhalait au loin une agréable odeur qui se mariait au parfum des lilas.

La variété des sites qui se déroulaient aux yeux de la jeune voyageuse, les pittoresques accidens de terrain, les horizons lointains, tous les objets enfin qui s'offrent à la vue dans le trajet de Bruxelles à Paris, dissipèrent les soucis qui assombrissaient sans cesse son esprit. Son imagination trop laborieuse trouva à se retremper un peu dans les impressions qu'un voyage, si court qu'il soit, ne manque jamais de procurer à une jeune femme.

A son arrivée, cédant au mouvement de son cœur, Verneuil courut de suite embrasser ses anciens camarades de la Comédie-Française. Plusieurs l'accueillirent avec un empressement dont elle dut s'étonner beaucoup, mais qu'elle s'expliqua facilement par le fait seul de son prochain retour en Belgique. D'autres, plus sincères, lui manifestèrent du fond du cœur tous leurs regrets de la voir éloignée du Théâtre-Français, où sa place avait été si bien marquée par ses premiers succès. Elisa serra avec une douce effusion la main de ceux qui lui dirent ces paroles dictées par une touchante amitié.

Une larme, échappée à sa belle paupière, glissa sur sa joue, et mit ses véritables amis dans le pénible secret de son cœur.

Ce séjour à Paris fut de très courte durée ; c'est à peine si elle eut le temps de visiter toutes les personnes qu'elle chérissait et dont elle était tendrement aimée ; car le lendemain de la réouverture du grand théâtre de Bruxelles, c'est-à-dire le 5 mai, elle y fit, au bruit des bravos et des plus enivrantes manifestations, sa rentrée dans *La suite d'un Bal masqué,* comédie en un acte de madame de Bawr, dont le rôle de madame de Mareuil était très favorable aux diverses nuances qui caractérisaient le talent de l'actrice française.

Le courage de l'artiste et son zèle pour l'étude étaient inépuisables, mais le service qu'elle faisait alors était au-dessus de ses forces physiques. Pendant les mois de mai, juin et juillet, elle joua chaque jour, presque sans interruption.

Ce fut à la suite d'une représentation des *Marionnettes*, le 21 juillet, qu'Élisa Verneuil, brisée de fatigue, se sentit atteinte d'un complet épuisement. Pendant la nuit, une fièvre ardente s'empara de la comédienne trop courageuse, et d'inquiétans symptômes se révélèrent; mais heureusement arrêtée dans son principe et combattue par les ressources de l'art, cette maladie borna son cours à une douloureuse indisposition.

La pauvre Élisa en fut quitte pour garder le lit une quinzaine de jours.

Les soins de toute nature dont ses camarades l'entourèrent pendant sa souffrance, leurs inquiétudes, leurs angoisses, toutes les marques, enfin, d'une touchante et religieuse sollicitude, dont aucune n'échappa à l'esprit de la malade, activèrent son rétablissement non moins que les prescriptions médicales. Mademoiselle Verneuil était naturellement très sensible à tous les égards dont elle se trouvait être l'objet, et cette cordiale manifestation, preuve nouvelle de la vive amitié des artistes qui partageaient ses travaux et ses peines de chaque jour, fit entrer dans son cœur une joie qui éclata radieuse sur son visage.

Au bout de quinze jours environ de convalescence, elle se sentit assez de force pour combler les souhaits du public. Elle opéra sa rentrée le 21 août, dans *le Misanthrope*.

La salle du Théâtre-Royal était comble; les Bruxellois, dont elle était devenue l'idole à son tour, avaient tenu à lui prouver, en se rendant en grande foule au spectacle, quelle part de vive satisfaction ils prenaient au rétablissement de leur artiste bien aimée.

Si l'accueil que Verneuil reçut dans cette soirée ne fut pas son plus beau succès dramatique, ce fut peut-être, de tous ceux de sa vie, celui qui flatta le plus son cœur. Alternativement placée entre les bravos des spectateurs, et les embrassemens de ses sincères camarades, l'excellente et sensible actrice ne put maîtriser son émotion, elle obéit aux élans de son ame, et ses beaux yeux se remplirent de douces larmes.

C'était fête ce soir-là dans les coulisses et au foyer. De quelque côté qu'elle se tournât, la jeune première ne rencontrait que témoignages affectueux et protestations d'une profonde sympathie : précieuse manifestation qui prenait également sa source dans le respect dû au noble caractère de mademoiselle Verneuil, et dans l'enthousiasme naturel qu'inspirait la supériorité de son talent.

Les événements de cette soirée restèrent gravés dans les souvenirs de l'artiste. Toujours elle se plut à les rappeler depuis dans ses causeries d'intimité.

La maladie de Verneuil ne fit pas subir de retard à l'apparition de *la Bohémienne*, pièce médiocre, mise à l'étude depuis quelque temps, car une partie de sa convalescence avait été consacrée à apprendre le rôle qui lui était échu par la nature de son emploi. Toute faible qu'elle était encore, elle s'était résignée à s'appesantir sur la composition d'un personnage dont elle sentait toute l'aridité et prévoyait le sort. Cependant, elle joua son rôle avec une grande conscience, et y déploya un talent qui aurait assuré un triomphe à l'auteur, si l'œuvre de celui-ci fût née viable.

La première représentation de *la Bohémienne* eut lieu le lundi 14 septembre. Le parterre du grand théâtre de Bruxelles, assez exempt de passion, presque toujours juste et équitable dans ses jugemens sur la littérature dramatique, fit un accueil assez peu favorable à cet ouvrage, tout en tenant compte du soin apporté dans la mise en scène, et de la somme de talent que chaque acteur s'était efforcé d'y dépenser pour le faire réussir. *La Bohémienne* n'obtint apparemment que deux représentations dont la seconde eut lieu le dimanche suivant, car sur un registre tenu par mademoiselle Verneuil elle-même, de toutes les représentations auxquelles elle concourait, et que nous avons entre les mains, cette pièce ne se trouve mentionnée que deux fois.

Un mois environ s'était écoulé depuis le rétablissement d'Élisa, lorsqu'elle obtint un congé qui lui permit de se rendre à Liége, où l'appelaient les vœux du public de cette ville. Les représentations que notre artiste y donna furent pour elle autant de triomphes ; son gracieux talent auquel les Liégeois surent rendre une justice entière, laissa dans leur souvenir des impressions qui, aujourd'hui même, sont encore vivantes.

Elle visita aussi plusieurs autres villes des Pays-Bas; les ovations de la foule la suivirent dans toutes ses excursions : partout elle rencontra un puissant et flatteur témoignage de l'éminence de ses qualités, et elle accomplit ainsi son voyage artistique au milieu de l'enivrement et de la joie.

A son retour à Bruxelles, mademoiselle Verneuil concourut à une grande solennité.

Le lundi 7 décembre 1829, l'affiche du théâtre annonçait la présence de mademoiselle Duchesnois. C'était dans *Phèdre* que cette célébrité devait paraître.

Le public était trop désireux de voir briller, dans leur plus vif éclat, toutes les nuances d'un talent si pompeusement vanté, pour ne pas assiéger, ce soir-là, le Théâtre-Royal. Aussi, jamais sans doute la salle ne vit de réunion plus nombreuse, plus élégante, plus aristocratique.

Les Belges ne laissèrent pas échapper cette occasion de témoigner à mademoiselle Verneuil la profonde estime qu'ils avaient pour son talent. Les sympathiques applaudissemens qu'obtinrent, à côté même de la grande artiste, les tirades du rôle joué par Élisa, parlèrent plus haut dans son cœur que les éloges ou les fleurs tombées à ses pieds dans toute autre circonstance.

Le répertoire du théâtre de Bruxelles, pour la comédie, était, à cette époque, assez bien varié. Le choix des pièces où mademoiselle Verneuil avait des rôles, lui laissait peu de choses à désirer ; aussi s'appliquait-elle avec la plus vive ardeur à donner à ses œuvres le poli du diamant. Elle apportait dans la composition et l'agencement des nuances qui constituent le caractère d'un personnage, cette profonde et consciencieuse méditation, ce soin scrupuleux, opiniâtre, sans lesquels la perfection restera toujours rebelle et inabordable pour tous.

Parmi ceux des ouvrages du répertoire que l'affiche n'annonçait jamais sans attirer la foule au théâtre, nous pouvons citer : *Chacun de son Côté, l'Epreuve nouvelle, le Dissipateur, le Mariage secret, Shakespeaar, Brueis et Palaprat, le Mari à bonnes Fortunes, le Misanthrope, les Frères à l'Epreuve, les Rivaux d'eux-mêmes, l'Abbé de l'Epée, l'Amant bourru, le Tartufe de Mœurs, le Complot de Famille, Henri III, Madame de Sévigné, la Belle-Mère et le Gendre, ma Place et ma Femme, le Barbier de Séville, les Jeux de l'Amour et du Hasard, les Fausses confidences, l'Intrigue et l'Amour, les Deux Cousines, la Jeunesse d'Henri V, un Moment d'imprudence, Valérie, le Philosophe sans le savoir, la Fille d'Honneur, l'École des Vieillards, le Mariage de Figaro, les Femmes savantes, la Jeune Femme colère.*

Toutes ces pièces jouissaient toutes d'une belle vogue ; d'ailleurs elles étaient interprétées par Verneuil, de concert avec les talens d'élite de la troupe : ceux de MM. Charles Ricquier, Bouchez, Lemoigne, Stockleit, Linsel, Folleville, Perceval, Duval, Bosselet, Cauvin, Alphonse Chapuis, etc. Mesdames Rousselois, Charles Ricquier, Lebrun, Lemoigne, Dandel, Linsel, etc., etc.

Cette abondance d'ouvrages dont était riche le répertoire, permettait d'attendre les occasions les plus favorables pour le choix des créations. Mais aussi, lorsque la direction du Théâtre-Royal avait désigné un ouvrage nouveau, et que les rôles en avaient été distribués, elle ne reculait devant aucun sacrifice d'argent ; les artistes prenaient le temps nécessaire pour traiter leur sujet comme le comportent les règles de l'art ; la mise en scène et tous les accessoires pouvaient, de leur côté, rivaliser avec les théâtres de Paris, et pour peu qu'une œuvre offrit de consistance littéraire, il n'était pas difficile d'en obtenir un succès de vogue et d'argent.

Ce fut cette précision, ce soin, et surtout la précieuse émulation régnant parmi les talens accomplis, qui présidèrent à la création des *Inconsolables,* dont la première représentation eut lieu à Bruxelles, le 8 juillet 1830, et à celle de *ma Place et ma Femme,* qui eurent le plus beau succès.

Les triomphes éclatans obtenus à Bruxelles par mademoiselle Verneuil, la puissance de ses charmes, la grâce de son esprit, et surtout le parfum de bonne compagnie qui s'exhalait de toute sa personne, lui gagnèrent le cœur de plusieurs jeunes gens de famille, parmi lesquels il dépendait d'elle de choisir un époux. Elle aurait pu, au moyen d'une alliance, briller dans le monde élégant, et jouir, comme tant d'autres, des éblouissantes faveurs de la fortune. Mais, nous l'avons déjà dit, les richesses matérielles n'étaient pas l'idole à laquelle elle sacrifiait; pour elle, les trésors de l'intelligence avaient un bien autre prix. L'homme que son cœur avait remarqué, et avec lequel elle aurait consenti à accomplir le trajet de la vie, n'appartenait pas à cette classe que le vulgaire, toujours enclin à déifier l'argent, appelle les heureux de la terre : M. Jenneval, objet de son attention, était un jeune artiste qui tenait, avec distinction, l'emploi des jeunes-premiers au théâtre de Bruxelles.

C'était une de ces organisations riches de tous les dons que la nature, dans ses capricieuses répartitions, a prodigués à ses favoris. Outre un physique séduisant, des manières fort élégantes, ce jeune homme était doué d'une intelligence développée, d'une vivacité, d'une volonté extraordinaires et d'un esprit fort gracieux. Toujours il fut l'enfant gâté du public qui estimait autant en lui l'homme du monde qu'il aimait le comédien.

De son côté, M. Jenneval, touché des belles qualités de mademoiselle Verneuil, s'était facilement pris à l'aimer; long-temps, toutefois, arrêté par quelques considérations, il refoula au fond de lui-même cette passion, et essaya de lui imposer silence, mais, en dépit de ses efforts, elle acquit, de jour en jour, plus de consistance. Mademoiselle Verneuil ne tarda pas à répondre à son amour.

Un tendre aveu de la part d'un homme réunissant de pareils élémens, trouva un doux écho au fond du cœur de celle qui en était l'objet, et qui nourrissait, pour le jeune acteur, un sentiment déjà en dehors des bornes de l'amitié.

Un échange de tendresse, un concert de délicieuses impressions s'établit promptement entre ces deux ames si bien faites pour se comprendre, et au milieu de la mutualité des élans de leur cœur, le serment de s'appartenir fut religieusement prononcé.

Déjà, en attendant la réalisation de ce bienheureux projet, Élisa Verneuil s'occupait à mesurer, dans son esprit, toutes les joies, les consolations, comme aussi les chagrins que procure la famille. Elle se complaisait à anticiper sur l'avenir. Son esprit constamment attaché à mille rians tableaux de la vie intérieure, les caressait avec complaisance; elle ne vivait plus dans le présent, elle était heureuse enfin.

Cependant, tandis que le cœur de notre artiste s'ouvrait tout entier à l'espérance d'une béatitude qui pouvait être prochaine, son esprit demeurait accablé sous le fardeau d'une pénible préoccupation. Depuis long-temps sa faiblesse de femme subissait un joug que, par une délicatesse poussée jusqu'au ridicule, et un fond d'honnêteté qui ne s'est jamais démentie, elle n'avait point eu la force de secouer. Son affranchissement, qui suivit de près sa liaison avec M. Jenneval, ne fut que l'œuvre du hazard et des circonstances. Mademoiselle Verneuil allait donc accorder sa main au jeune comédien, lorsque la révolution belge éclata.

Comme chasseur de Chasteleer, Jenneval crut devoir prendre les armes pour diriger l'effervescence populaire. L'artiste aimait trop sincèrement la liberté pour rester sourd à son appel; il s'arma de son fusil et courut au milieu des braves défenseurs de la Belgique menacée. Mais, hélas! la fatalité qui avait marqué sa dernière heure, voulut qu'un boulet, lancé au hasard, vint frapper mortellement l'auteur de la *Brabançonne*[1]. Le malheureux jeune homme tomba victime de son dévouement à Lierre, petite ville de la Belgique.

Sa mort causa la plus pénible sensation parmi ses nombreux amis; les partisans véritables de l'art dramatique pleurèrent l'artiste élégant, simple et

---

[1] Van Campenhout, auteur de la musique.

spirituel ; la foule consternée, qui accompagna sa cendre place des Martyrs, le jour de ses obsèques, fut un éloquent témoignage de l'estime dont avait toujours joui le comédien regrettable.

Le nom et les bonnes qualités des gens de bien ne devraient jamais tomber dans cet horrible gouffre qu'on appelle l'oubli ; il est du devoir des hommes qui survivent aux grandes actions, aux généreux dévouemens des autres, d'en perpétuer le souvenir par quelques monumens modestes. Les Bruxellois, après l'événement qui avait coûté la vie au jeune artiste, comprirent parfaitement cette obligation. Une pierre tumulaire fut élevée sur sa tombe, et un ciseau patriotique y inscrivit, avec son nom, les titres si légitimes que le chevalier Jenneval s'était acquis à la bienveillance et à la considération publiques.

Aujourd'hui encore, lorsque le voyageur promène ses regards attristés au milieu de cet asile de la mort, il peut voir le tombeau de Jenneval, jonché de couronnes d'immortelles et de fleurs fraîches que, de temps en temps, la main de quelques amis et artistes vient religieusement y déposer.

De tous ceux qui s'émurent à la nouvelle de la mort de M. Jenneval, nul n'en fut plus cruellement affligé que sa fiancée : la pauvre Verneuil. Ce fut pour elle un coup terrible ; une mauvaise fée venait de faire crouler, de sa redoutable baguette, le brillant édifice que les rêves s'étaient attachés à élever à son avenir. Le deuil et la douleur entrèrent dans son ame en même temps que toutes ses illusions l'abandonnaient ; ses douces espérances prirent la fuite avec une décevante rapidité, et elle ne retrouva plus, au fond de cette cruelle déception, que l'impitoyable sentence de sa destinée : DÉSILLUSION PARTOUT ET TOUJOURS.

Après ce malheur, qui mettait le comble à la tristesse d'Élisa, la résidence de Bruxelles ne pouvait plus que lui être pénible ; elle résolut de rester à Paris, et comme, sur sa réputation, le directeur de la Gaîté avait fait auprès d'elle quelques démarches tendant à l'attacher à sa troupe, elle accepta ses propositions, et signa un engagement dans le ferme espoir que la Gaîté lui servirait de marchepied pour une scène plus élevée.

La première création de Verneuil sur le théâtre où bientôt elle devait cueillir ses plus belles palmes, fut *Malmaison*, ouvrage dont la série des représentations ne fut interrompue que par l'apparition d'une autre nouveauté : *La Lettre de Cachet*, qui obtint, le 26 février 1831, un succès peut-être plus soutenu, car on vit le titre de cette pièce figurer sur l'affiche pendant deux mois, sans qu'elle cessât d'attirer au théâtre une foule assez considérable.

Pendant que *Malmaison* et *La Lettre* se partageaient les honneurs de la salle du boulevard du Temple, une autre œuvre, *Ugolin*, y était mise à l'étude. La première représentation prouva à son auteur qu'il avait parfaitement réussi. Cette production fut accueillie le 25 avril, avec la faveur que mérite un bon ouvrage, et elle prit un rang honorable parmi celles du répertoire.

Certes, la réussite de ces pièces devait beaucoup à mademoiselle Verneuil. La presse parisienne rendit justice à l'actrice intelligente qui en avait supporté le plus lourd fardeau, et elle appela sur elle l'attention du public. Le rôle qu'elle créa, le 20 mai, dans *Favras*, contribua également à grandir sa réputation ; elle sut y faire briller des qualités qui lui valurent, de la part des journaux, des éloges d'autant plus flatteurs pour elle, qu'ils ne pouvaient être que désintéressés.

Le succès que Verneuil venait d'obtenir dans ces nouveautés, fixa aussi l'attention de Victor Ducange. L'auteur de *Thérèse* et de *la Mort de Calas* songea au parti qu'il y avait à tirer de cette précieuse organisation. La dignité d'Élisa, la pureté de sa diction, le charme de son organe et surtout sa distinction, firent naître dans sa pensée le projet d'augmenter ses œuvres d'un drame qui permit à l'habile comédienne de donner un entier essor à ses moyens.

En faisant pour la Gaîté son drame : *Il y a seize ans*, il ne pouvait atteindre ce but d'une manière plus satisfaisante. En effet, le rôle d'Amélie, qui semble avoir été un calque des beaux sentimens de l'actrice, ouvrit un vaste champ aux ressources du génie de celle-ci. Le comité de lecture accueillit la nouvelle pièce par acclamation, et la distribution en fut faite immédiatement. On se rappelle combien chaque artiste tint à honneur d'apporter, dans la mise en œuvre de cet excellent ouvrage, toute la somme de ses qualités spéciales.

De nombreuses répétitions succédèrent à l'étude de l'ouvrage ; la marche de l'ensemble révéla, dans chaque partie, une infinité de petits détails et de nuances qui échappent toujours à une lecture isolée. Tous les effets furent attentivement calculés, préparés, combinés, et, à l'aide de cette persévérance qui mène à la perfection, le nouveau drame acquit bientôt ce brillant, ce fini d'exécution que comporte toute œuvre sérieusement travaillée.

Les vertus et la probité patriarchales du comte de Clairville furent mises en relief avec beaucoup d'avantages par M. Julien. M. Adrien reproduisit, avec une délicatesse exquise, le noble désintéressement et la tendre reconnaissance du baron de Saint-Val. Il était impossible à mademoiselle Eugénie Sauvage de prêter au jeune Félix une douceur plus angélique, une obéissance plus résolue, un dévouement plus négatif. La suivante Joséphine trouva dans madame Chéza une interprète intelligente, fidèle et dévouée. Le baragouin allemand du vieux hussard Christophe fut d'un comique désopilant dans la bouche de M. Parent, qui, durant tout le rôle, sut provoquer une hilarité franche et de bon aloi. Affublés des haillons de Chambord, de Loupy, de Rouget, de la Borah et de Pierrette, MM. Théodore, Lemesnil, Raymond, mesdemoiselles Dumenis et Élisabeth montrèrent, dans leur hideuse vérité, la scélératesse et le cynisme de ces mendians vagabonds, race maudite, qui allaient jeter de sang-froid, et dans l'unique but de gagner une obole, la torche incendiaire sur le chaume de leurs bienfaiteurs.

Pour compléter, enfin, l'habile disposition de ce groupe dont toutes les figures ont une expression de saisissante vérité, l'auteur n'avait pas négligé de placer son sujet principal dans un jour favorable, et la jeune comtesse Amélie de Clairville occupa le premier plan du tableau sous les traits gracieusement aristocratiques de mademoiselle Verneuil.

L'actrice, en s'identifiant avec les détails les plus poétiques du caractère de son héroïne, détails qu'elle saisit d'autant mieux qu'ils étaient à-peu-près identiques à sa nature, personnifia avec un rare bonheur ce type adorable de jeune femme, qui sacrifie le sentiment le plus doux au devoir impérieux que lui impose l'honneur menacé de son père. En présence de cet ange de résignation, flottant entre l'idée poignante de la perte du trésor le plus cher à son cœur, et la ruine et le déshonneur du comte de Clairville, le public subjugué, entraîné, captif sous cette influence qu'exerçait le talent sympathique d'Élisa, sentit un pieux attendrissement gagner son cœur, et les larmes qui roulèrent dans tous les yeux prouvèrent que la foule cédait aux transports de son émotion.

Cependant, la scène la plus pathétique, les plus merveilleux effets à obtenir, et pour lesquels Verneuil n'avait pas oublié de ménager ses ressources, ne devaient venir qu'au troisième acte. C'est, on le sait, le jour du mariage d'Amélie, lorsqu'après avoir reçu, à la face du ciel, les sermens de M. de Saint-Val, que le retour du petit Félix et son apparition inattendue au milieu du brillant festin de noces, vient donner la clé de l'intrigue et préparer le dénouement. Ici, une secrète inquiétude s'empare d'abord de la mariée, dont la pâleur ne tarde pas à égaler celle des fleurs de sa couronne nuptiale. Les transes de l'anxiété, une agitation convulsive, toutes les émotions les plus cruelles passent tour-à-tour sur son visage; ce fut la nature même, la nature palpitante, réellement brisée, anéantie sous le fardeau d'une crainte terrible. Puis, enfin, lorsque la jeune comtesse de Clairville apprend que l'*orphelin* qu'elle avait élevé, protégé, est amené sous la double prévention de vol et d'incendie, et qu'on va le traîner devant la justice, le sentiment le plus grand et le plus puissant, celui de la maternité, se révolta en elle; son cœur, qui ne pouvait d'ailleurs la tromper, repoussa, avec l'énergie d'une conviction profonde, la calomnieuse accusation, et les considérations de toute nature disparurent pour faire place à la sainte exaltation de l'amour maternel. Amélie, saisissant alors Félix dans ses bras, jeta, par l'organe d'Élisa Verneuil, cette phrase révélatrice, qui fit tressaillir l'auditoire : « Je le réclame, il est à moi, il m'appartient, c'est mon fils !... »

Les bravos, les trépignemens unanimes et prolongés qui partirent alors comme un tonnerre, témoignèrent à l'artiste qu'elle avait frappé juste, et qu'elle avait mis en relief, avec un immense bonheur, les beautés de la prose de l'auteur. En passant de ces élans vigoureux, puissans, à la peinture d'émotions tristes, à la douleur, au désespoir, mademoiselle Verneuil, en grande comédienne, sut graduer heureusement ses effets, marier ses couleurs, ménager ses teintes, fondre ses ombres, et appliquer le dernier glacis, la touche de sentiment à ce palpitant tableau, qui fit long-temps courir tout Paris, et valut à Élisa Verneuil une palme qui, dans l'histoire dramatique, restera attachée à la couronne littéraire de Victor Ducange.

Mademoiselle Verneuil eut encore, à la Gaîté, plusieurs créations auxquelles elle sut donner de la vogue. *Jenny* obtint un assez bon nombre de représentations. *L'Abbaye aux Bois,* représentée, pour la première fois, le mardi 14 février 1832, fit faire de belles recettes ; *Les six Florins*, joués le 7 juillet, eurent un grand succès, et le titre de *La Dame du Louvre,* dont la première représentation eut lieu le 17 novembre, figura pendant plus de deux mois sur l'affiche du théâtre, sans voir s'éclaircir la foule qui s'y portait chaque soir.

La réputation brillante qu'Élisa s'était si promptement faite à la Gaîté, provoqua, chez le directeur de l'Ambigu-Comique, le désir de faire l'acquisition de cette artiste. Il lui promit de beaux avantages, et mademoiselle Verneuil quitta l'ancienne salle Nicolet pour la salle du boulevard St-Martin. Mais là, comme jadis aux Français, elle rencontra des obstacles qui lui barrèrent le chemin de la célébrité, c'est-à-dire des rivalités qui entravèrent le cours de ses glorieux travaux; des manœuvres furent encore tramées contre elle, et de nouvelles tracasseries lui furent suscitées.

Ce fut à la suite de ces mille contrariétés, que, sur de séduisantes propositions, mademoiselle Verneuil s'empressa de rentrer à la Comédie-Française. La pauvre Élisa s'était flatté que les injustices dont elle avait eu tant à souffrir au commencement de sa carrière, ne la poursuivraient plus; mais hélas! elle retrouva non seulement ce même despotisme qui avait cherché à étouffer son talent naissant, mais encore de nouvelles et nombreuses jalousies se dressèrent devant elle à son arrivée.

L'année qu'elle passa aux Français, le seul théâtre où la nature de son beau talent l'appelait à briller, et où pourtant il ne lui fut pas permis de se montrer dans un seul rôle quelque peu important, fut une des plus tristes de sa vie.

On sait que les théâtres d'Italie sont presque tous desservis par des artistes ambulans, qui ne séjournent que deux ou trois mois dans chaque ville où ils jugent à propos de s'installer.

La troupe française de M. Doligny aîné fut de celles qui entreprirent, en 1836, cette agréable pérégrination.

Ce directeur, qui comptait déjà au nombre de ses pensionnaires plusieurs réputations faites, songea à mademoiselle Verneuil. Il comprit combien un talent si touchant, si vrai, si pathétique, pourrait contribuer au succès de son entreprise : il lui fit faire des propositions d'engagement.

Cette circonstance arrivait assez à propos. Lasse de lutter contre des rivalités de toute nature, sans voir jamais s'accomplir les promesses brillantes qui lui avaient été faites, l'occasion de visiter le beau pays qui fut le berceau des arts, sourit à l'actrice. M. Doligny obtint sa parole et sa signature, et elle fit, à la Comédie-Française, objet de toute sa sollicitude, des adieux qui devaient être éternels.

Loin des envieux, des intrigues et des menées de coulisses de la rue Richelieu, mademoiselle Verneuil jouit bientôt, sous le ciel napolitain, d'une existence nouvelle. La sérénité du climat d'Italie dissipa les nuages de tristesse dont son front avait été long-temps ombragé. Sa santé, affaiblie par les contrariétés, se rétablit promptement, et la gaîté prêta à sa figure si gracieuse un air d'enjouement qui ajoutait à ses charmes.

Partout où la troupe de M. Doligny séjourna, Verneuil laissa de précieux souvenirs de son talent.

Livourne, Gênes, Milan, Turin, Naples et Venise, jetèrent des couronnes à la malicieuse Isabelle de l'*Ecole des Maris*, à Hortense de *l'Ecole des Vieillards*; à Célimène du *Misanthrope*, à la sentimentale *Valérie*, et certes, nous ne doutons pas qu'à la nouvelle de la mort prématurée d'Élisa Verneuil, les amis de l'art de chacune de ces villes n'aient donné une larme au souvenir de l'artiste à laquelle ils durent tant de vives émotions !

Les Italiens n'admiraient pas moins en elle la femme spirituelle et de bonne compagnie, que l'excellente comédienne. A Naples, à Gênes, à Milan, elle fut recherchée par les gens qui occupaient le premier rang dans la société. A Venise, elle fit la connaissance d'une princesse russe, madame Samoï-Loff. Il s'établit, entre ces dames, une grande intimité. Madame Samoï-Loff était connue par sa supériorité ; elle cultivait avec succès la littérature et les arts, mais elle éprouvait pour le théâtre une véritable passion. Elisa conserva toujours un précieux souvenir de cette princesse ; elle aimait à se rappeler son affabilité, et quelquefois elle en faisait l'objet de ses causeries intimes.

Nous regrettons vivement de ne pouvoir, faute de documens authentiques, suivre notre héroïne dans toutes ses excursions artistiques en Italie; sans doute, nous l'eussions trouvée tantôt plongée dans de sérieuses méditations, tantôt dans une admiration extatique des grandes merveilles de la nature ou de l'art.

Nous nous souvenons qu'elle aimait à raconter, lorsque parfois un moment de gaîté venait faire trêve à ses soucis, une de ses promenades au Mont-Vésuve, d'où elle avait été forcée de revenir, pour ainsi dire à pieds nus, ses souliers ayant été rongés par la lave figée qui compose le sol en cet endroit.

Quatre ou cinq ans sont à-peu-près l'espace de temps pendant lequel mademoiselle Verneuil a dû séjourner en Italie; elle était à Paris, au commencement de 1841.

La direction des théâtres de Rouen reposait alors sur un homme à la capacité duquel on s'est toujours plu à rendre justice. M. Fleury, on le sait, est le seul directeur qui, depuis nombreuses années, soit parvenu, même avec de faibles élémens de succès, à réaliser des bénéfices. Aussitôt qu'il eut appris le retour de mademoiselle Verneuil en France, sentant tout l'avantage d'une semblable acquisition, il prit les devans sur les autres directions, et s'empressa de lui faire des offres.

L'attrait d'une vie douce et paisible, la nécessité même de ce calme bienfaisant qui, chez la femme intelligente, est une sorte de halte entre l'âge mûr et les tourmentes des passions de la jeunesse, commençaient à prendre le dessus, dans l'âme de l'actrice, sur l'idéalisme de ses espérances. La philosophique raison de Rousseau vint au-devant d'elle, pour l'aider, sinon à résoudre les problèmes du hasard, du moins à en reconnaître les effets non moins mystérieux que bizarres; et, guidée par de solides réflexions, elle se décida à se fixer à Rouen.

Elle ne pouvait d'ailleurs hésiter à s'allier au personnel d'un théâtre où brillèrent jadis des célébrités telles que les Granger, les Firmin, les Samson. Elisa Verneuil signa donc l'engagement proposé, et le public rouennais dut à M. Fleury la faveur de posséder cette perle qui contribua bientôt, pour une grande part, à faire renaître, à côté de noms qui nous sont encore si chers, ceux de MM. Delafosse, Kime, Eugène Monrose, et plus tard Romainville, les beaux jours de la comédie au Théâtre-des-Arts.

C'est en analysant son passé, cette série de déceptions, qu'elle se prit à envisager le bonheur sous son véritable jour. L'actrice consciencieuse avait appris, à l'école de l'expérience, le nombre exact des gloires factices élevées au premier rang seulement par l'esprit de coterie; elle connaissait trop de faux talens apothéosés au mépris du respect de l'art dramatique, pour ne pas comprendre que, dans cette carrière, plus que dans aucune autre, les rouages de l'intrigue et les caprices du sort sont les principaux potentats dispensateurs de la renommée.

Si, grâce à ces raisonnemens sur lesquels elle s'appuyait avec une entière confiance, mademoiselle Verneuil ne s'affranchit pas totalement des regrets, elle échappa du moins au douloureux sentiment de ses désillusionnemens. Elle ne songea plus qu'à faire de l'art pour elle-même, c'est-à-dire à obéir, sans aucun souci des grandes palmes que décerne l'égoïsme, ni des guirlandes tressées par un honteux intérêt, à ce penchant irrésistible pour les beautés de notre scène qui lui procuraient de si vives jouissances. Sa studieuse ardeur, loin de se ralentir, ne fit que s'accroître, mais elle refusa désormais l'accès de sa pensée aux lueurs mensongères d'un secret espoir qui l'avait abusée trop long-temps.

Elle poursuivit donc, dans la patrie de Corneille, le cours de ses glorieux travaux. Avec son concours, on monta, au mois de novembre, la jolie comédie : *Un Mariage sous Louis XV*, de M. Alexandre

Dumas. Cette pièce, si élégamment écrite, si adroitement intriguée; cette action, déroulée avec tant de finesse et d'habileté, qui, tout en traversant le laisser-aller, la désinvolture de mœurs des beaux roués de l'époque, arrive néanmoins à un dénouement où la morale trouve son bénéfice, obtint, devant le public rouennais, le beau et légitime succès qu'elle méritait. Il ne pouvait d'ailleurs en être autrement, car nous doutons que l'auteur eût rencontré, si ce n'est au Théâtre-Français, un comte de Candale plus mauvais sujet, plus talon-rouge et plus spirituel que M. Delafosse, un vieux commandeur plus digne que M. Guiaud, un chevalier de Valclos plus sentimental et plus opiniâtrement amoureux que M. Eugène Monrose, un Jasmin plus comique que M. Kime, une camériste plus rusée que mademoiselle Bernard, et enfin une comtesse de Candale réunissant mieux que mademoiselle Verneuil les élémens nécessaires pour rendre, avec une vérité parfaite, toute la naïveté et les nobles instincts de ce cœur de jeune femme.

L'étude de cette pièce n'avait pas absorbé tous es instans des artistes. Plusieurs reprises de nos anciens chefs-d'œuvre eurent lieu immédiatement;

les unes n'eurent pas un sort très heureux ; les autres, aidées de circonstances favorables, réussirent à attirer la foule, et, à chaque représentation de celles-ci, après avoir bien ri ou bien pleuré, on rappela justement et à grands cris, ou mademoiselle Verneuil, la comédienne pathétique respirant toujours un ton exquis de dignité, ou M. Guiaud, dont la rondeur et le naturel étaient si communicatifs et si bien appréciés, ou M. Delafosse, artiste consciencieux, qui, aujourd'hui encore, conserve à Rouen le droit de bourgeoisie.

Parmi les nouveautés qui firent leur première apparition sur le Théâtre-des-Arts, pendant le mois de Janvier 1842, nous ne voulons pas omettre de mentionner la jolie petite comédie en un acte : *Un Quart-d'Heure de Veuvage*, d'un jeune littérateur rouennais, M. Beuzeville, dont la muse s'est élevée depuis avec succès jusqu'au genre tragique[1]. Élisa Verneuil avait consenti à prêter l'appui de son talent à cet ouvrage dont elle joua le rôle principal, et il obtint d'unanimes applaudissemens.

---

[1] *Spartacus*, tragédie en 5 actes et en vers, jouée sur le Théâtre-des-Arts de Rouen.

A cette époque, la troupe de comédie étudiait aussi une œuvre sérieuse qui devait être soumise au jugement du public, à l'occasion du bénéfice de madame Maillet, cette artiste qui a laissé à Rouen de si beaux souvenirs, et pour le retour de laquelle les habitués du théâtre font en ce moment des vœux.

Ce fut dans le courant de mars qu'eut lieu cette représentation dont la magnifique comédie, que M. Scribe a intitulée *Une Chaîne*, fit les principaux frais. Au milieu des talens d'élite qui concoururent puissamment au triomphe de l'œuvre du grand maître, mademoiselle Verneuil sut, à force de distinction et de sentiment, sauver ce que le rôle de Louise de Saint-Géran a d'un peu risqué; elle trouva de véritables inspirations qui lui furent escomptées en bravos, légitime récompense de toute la somme de talent qu'elle avait dépensée dans la méditation et l'intelligente interprétation de son personnage.

Immédiatement après le bénéfice de madame Maillet, vint celui de notre héroïne. Mademoiselle Verneuil avait songé, pour cette solennité, à la reprise de l'ouvrage qui lui avait fait jadis un si beau nom à la Gaîté. *Il y a seize ans* fut annoncé, et, par le double motif de l'enthousiasme dont le beau talent de la bénéficiaire était l'objet et du véritable attrait du spectacle, la salle fut trop petite le jour de la représentation. Mademoiselle Courtois[1], attachée à la troupe d'opéra, comme première dugazon, qui faisait sa première excursion dans le drame, y réussit complètement et fut ravissante sous les traits de Félix. Kime y fit une ample moisson d'applaudissemens, et l'enthousiasme excité par le jeu sublime de Verneuil se manifesta à chaque instant dans le courant de la pièce. A la chute du rideau, triple salve d'applaudissemens, rappel, fleurs, rien ne manqua à son succès.

Voici des vers que contenait un des bouquets jetés aux pieds de la triomphante bénéficiaire :

A Mlle ÉLISA VERNEUIL.

Dieu vous a choisie entre celles
Qu'il a faites pour être belles ;
Il déposa dans vos regards,

[1] Aujourd'hui madame Octave.

Pour qu'ils puissent charmer notre ame,
Un des vifs rayons de la flamme
Qui brûle à l'autel des beaux-arts.

Vous avez, souriante ou triste,
Cette puissance de l'artiste
Qui sait, en dominant les cœurs,
Leur faisant sentir sa souffrance,
Et sa joie ou son espérance,
Faire pleurer de ses douleurs.

Vous parlez la langue des ames,
Celle des anges et des femmes
Dont tous les mots sont dans les yeux,
Qu'Ève à sa fille apprit sans doute,
Que l'homme avec transport écoute,
Comme un doux souvenir des cieux.

Oui, Dieu vous choisit entre celles
Qu'il a faites pour être belles ;
Les arts ont sacré votre front,
Et c'est la gloire qui vous donne
Les fleurs qui font votre couronne,
Où l'immortelle se confond.

Le drame *Il y a seize ans*, remis au répertoire, fit faire à M. Fleury d'abondantes recettes. Tout ce que Rouen possède de cœurs sensibles et avides d'émotions, courait, à chaque représentation, au théâtre, pour s'attendrir à l'aspect de ce noble et pathétique caractère de femme, que l'aimable comédienne savait si bien faire valoir. L'œuvre de Victor Ducange, mise ainsi à la scène, rayonna d'un nouvel éclat, et, comme nous venons de le dire, elle valut aux artistes chargés de l'interpréter à côté de mademoiselle Verneuil, de fréquens applaudissemens, et le directeur n'eut qu'à se louer de la reprise de cet ouvrage.

Comme son goût s'était épuré aux études des chefs-d'œuvre de nos auteurs classiques, Élisa était parvenue à une grande justesse d'appréciation sur le mérite littéraire des ouvrages nouveaux, et en raisonnait avec un discernement très approfondi. Pour bien juger une œuvre, elle en prenait chaque partie séparément, l'examinait sur ses différentes faces, en sondait la valeur; puis, rapprochant le tout, elle discutait le mérite de l'ensemble avec cette ferme assurance que donne seule la conscience d'une réelle supériorité. Aussi, son opinion fit-elle souvent autorité dans le choix des pièces à monter : le sort qu'elle prédisait à un ouvrage nouveau pouvait être en quelque sorte considéré comme une sentence irrévocable, car son jugement possédait presque le don de l'infaillibilité sur cette matière.

Elle se rendait compte du succès ou de l'insuccès d'une nouvelle pièce, non seulement en l'analysant avec le lorgnon d'une critique judicieuse, mais encore en se plaçant au point de vue des goûts du public qu'elle a toujours pris soin d'étudier scrupuleusement. Elle était prompte à s'enflammer pour ce qui était véritablement beau, mais cette disposition la rendait difficile, et les demi-chefs-d'œuvre, les médiocrités, trouvaient rarement grâce devant son humeur assez frondeuse quelquefois.

En 1843, Elisa Verneuil eut aussi, à Rouen, plusieurs créations qui lui fournirent l'occasion d'attacher encore quelques beaux fleurons à sa couronne théâtrale. MM. Anicet-Bourgeois et Albert lui durent une grande part du succès que leur drame *Madeleine* obtint au mois de mars, au Théâtre-des-Arts, et M. Alexandre Dumas eut en elle, pour les *Demoiselles de Saint-Cyr*, une précieuse Charlotte de Mérian. Personne, à Rouen, n'a oublié non plus le talent dont firent aussi preuve, dans ce dernier ouvrage, MM. Monrose, Romainville et mademoiselle Bernard.

L'*Amant bourru* fut repris au mois de novembre, mais cette pièce fut peu goûtée, et la presse en parla avec sévérité; mais *Eugénie*, le drame de Beaumarchais, fort bien joué surtout par Monrose et mademoiselle Verneuil, produisit le meilleur effet.

Le mois de mars 1844 vit encore une représentation au bénéfice de notre jeune première. Cette circonstance fut pour elle une occasion nouvelle de recevoir les marques éclatantes des plus vifs intérêts que lui portait un public qui n'a jamais cessé d'apprécier son admirable talent. On avait repris, pour cette soirée, *La Suite d'un Bal masqué* et *Henri III*. Les rôles qu'elle remplit dans ces deux ouvrages qui la reportèrent en souvenir à ses triomphes de Bruxelles, furent joués d'une manière sublime, et elle fut fêtée comme elle devait l'être: en reine de l'art. Mais hélas! ce triomphe devait être le dernier.

Le germe de la maladie qui devait l'emporter, commençait à se développer, et minait ses forces d'une manière déjà sensible. Elle se raidit tant qu'elle put contre la secrète souffrance que trahissaient en elle une pâleur parfois livide, un teint plombé et olivâtre; mais, vaincue dans la lutte, elle se vit forcée de se condamner à la retraite.

Cette navrante nécessité ne pouvait qu'aggraver son mal. La privation des jouissances qu'Élisa Verneuil s'était habituée à puiser dans l'intelligente culture d'un art devenu en quelque sorte son élément, son air vital, aurait avancé le terme de sa vie, si l'amitié de quelques camarades qui l'avaient toujours appréciée, et surtout un de ces dévouemens, trop rares dans notre siècle d'égoïsme, ne l'avaient suivie dans son isolement.

Nous avons esquissé, dans l'exposé qui sert d'avant-propos à cette brochure, le caractère de l'homme de bien qui, comme on l'a dit avant nous, prêta son appui à l'artiste souffrante que la fortune n'avait point assez favorisée, mais nous ne saurions donner une juste idée de la touchante persévérance qu'il mit à la soulager, la consoler, la tromper ingénieusement dans sa douloureuse situation.

A l'aide de soins empressés, d'encourageantes exhortations, il parvint, de concert avec les fidèles amies de la malade, à lui faire ressaisir un rayon d'espoir qui raviva un moment son énergie. Plusieurs célébrités médicales furent de nouveau consultées; et, pour être plus à proximité des hauts interprètes de la science, mademoiselle Verneuil résolut de fixer, provisoirement du moins, sa résidence à Paris, pour y suivre, dans la plus grande sévérité, toutes les ordonnances et prescriptions qui pourraient amener sa guérison. Quel que coûteux et pénible que fût le régime auquel on l'assujettit, elle l'observa avec cette stricte obéissance qu'inspire à tout patient la perspective du terme de ses maux; mais le temps, loin d'apporter du calme à ses souffrances, les lui faisait ressentir plus vives, plus intenses, et bientôt la sage précaution du docteur à lui taire la désespérante vérité de son sort, devint inutile. L'esprit d'Élisa perça le triste voile, et son imagination effrayée lui fit entrevoir le lugubre appareil de la mort.

*

Cette affreuse révélation porta à mademoiselle Verneuil un coup dont son ame fut ébranlée; ce fut un des derniers, mais le plus pesant anneau de la longue chaîne de ses misères.

La malade, dont le cœur dut se fermer dèslors à toute espérance, reporta ses pensées vers la ville où elle savait que de nombreuses sympathies, de tendres affections s'émouvaient en sa faveur. Elle voulut que le reste d'une vie traversée de tant de chagrins et de déceptions, s'éteignît au moins au milieu de ceux qu'elle aimait et qui la chérissaient. Elle revint à Rouen, où, au milieu des amicales étreintes de ses bons camarades et de l'excellent ami qu'elle regrettait de n'avoir pas connu plus tôt, elle attendit avec une résignation passive qu'il plût à son destin de s'accomplir.

Tous les moyens capables de calmer sa souffrance, d'émousser sa douleur, furent tentés avec une incessante activité, et, certes, si les efforts de l'amitié restèrent impuissans contre la volonté de la nature, la reconnaissance de la pauvre Élisa pour ces gouttes de miel mêlées à son calice d'amertume, n'en fut pas moins vivement exprimée par elle.

L'état d'affaiblissement où elle languissait, acquit bientôt une gravité telle, que, ne pouvant plus supporter le bruit de la ville, elle dut faire choix d'un asile paisible et solitaire ; le modeste pavillon qui porte le n° 12 de la rue Benoît, au faubourg Saint-Sever, fut sa dernière retraite. Ici, les visites de ses amis devinrent encore plus réitérées, et chacun redoubla de soins auprès de la malade ; l'infortunée, pour répondre à ces bienfaisantes manifestations qui, seules, pouvaient servir d'étaies à une vie défaillante, trouva jusqu'au dernier moment, dans les plis de son cœur, de tendres effusions à offrir en échange.

Dans la journée du 24 septembre 1846, mademoiselle Verneuil parut jouir d'un calme inaccoutumé. Elle utilisa la durée de cette sérénité à donner à son ami intime, au confident de toutes ses pensées, de sérieux conseils sur ses intérêts domestiques. Un œil inexpérimenté aurait peut-être tiré bon augure de cette apparente tranquillité, mais elle ne pouvait tromper ceux qui savent que ces prétendus retours à l'existence sont toujours les sombres précurseurs de l'instant fatal.

En effet, le soir, vers neuf heures, une crise succéda à ces courts instans de repos; de fébriles convulsions la saisirent; la lumière de ses yeux s'éteignit, et, poussée par la douleur, l'ame de l'artiste célèbre s'exhala au milieu d'un soupir dont l'écho sépulcral glaça le cœur des témoins de ce déchirant tableau.......... Il ne restait plus de la belle Verneuil qu'une cendre muette, qu'un corps inanimé!

Le surlendemain matin, le clergé de Saint-Sever, suivi d'un cortége composé d'artistes, de poètes, de publicistes, et en tête duquel marchait, la paupière imbibée, et achevant l'œuvre de son adorable dévouement, celui qui avait été l'ami généreux de la défunte, le clergé, disons-nous, emporta à l'église les précieux restes de la comédienne, sur lesquels furent prononcées les dernières prières de la religion.

Nous croyons équitable de dire ici qu'au nombre des chrétiens réunis à l'église pour cette triste cérémonie, nos yeux ont rencontré plusieurs camarades et amies de l'artiste trépassée. Mesdemoiselles Pernon, Adèle Baillieux et Désirée Collignon, qui avaient devancé et attendu le convoi, prosternées dans l'un des coins du temple, ont entendu, dans le profond recueillement de leur ame, la messe et les prières suprêmes dites devant la bière qui emportait dans l'affreux néant la gloire de cette femme qu'elles avaient tant admirée; car telle est, hélas! la fatale destinée des œuvres du comédien : le jour de sa mort, disparaît avec lui, sans nul moyen de se révéler à la postérité, tout le fruit de ses longs et consciencieux travaux !

En sortant de l'église, il ne nous restait plus qu'à accompagner jusqu'à son dernier asile, la froide dépouille de la pauvre Élisa.

Dire toutes les tristes réflexions qui se croisèrent dans notre esprit sur la fragilité des choses humaines, en accomplissant ce pénible devoir, nous serait fort difficile, sinon impossible. L'aspect de cette tombe creusée dans un petit cimetière de province, où ce noble et beau talent qui avait eu un droit si légitime de briller toute sa vie sur la première scène française, allait être englouti, vint grossir le nombre de preuves que nous avons des vicissitudes d'ici-bas. Il nous a fallu la voir descendre au fond de son refuge éternel, et, comme si le sort qui l'avait maltraitée pendant son existence, eut voulu la poursuivre encore après son trépas, aucune voix n'a rompu le silence glacial qui régnait à l'entour de sa tombe, et ne s'est élevée pour rappeler, par quelques douces et solennelles paroles, les belles qualités qui l'avaient distinguée. Pourquoi, poètes, un seul de vos harmonieux soupirs, un dernier adieu n'est-il pas tombé de votre lyre pour se mêler aux funèbres oraisons du prêtre? Comment se fait-il que la comédienne, dont les ingénieuses inspirations ont tant de fois remué vos délicates fibres, n'ait obtenu de votre muse, en échange de ces vives et tendres émotions, aucun tribut de reconnaissance ?

Quant à nous, à qui la nature a refusé l'éloquence, nous regrettons de n'avoir pu mieux faire que de recueillir et rapprocher ici les souvenirs de personnes qui ont vécu dans l'intimité de notre héroïne. Si ces quelques feuillets que nous livrons à la publicité peuvent, dans l'avenir, servir de jalon à l'écrivain dont la plume habile fixera à l'histoire dramatique le beau nom d'Élisa Verneuil, nous aurons pleinement atteint le but que nous nous sommes proposé en faisant cette notice.

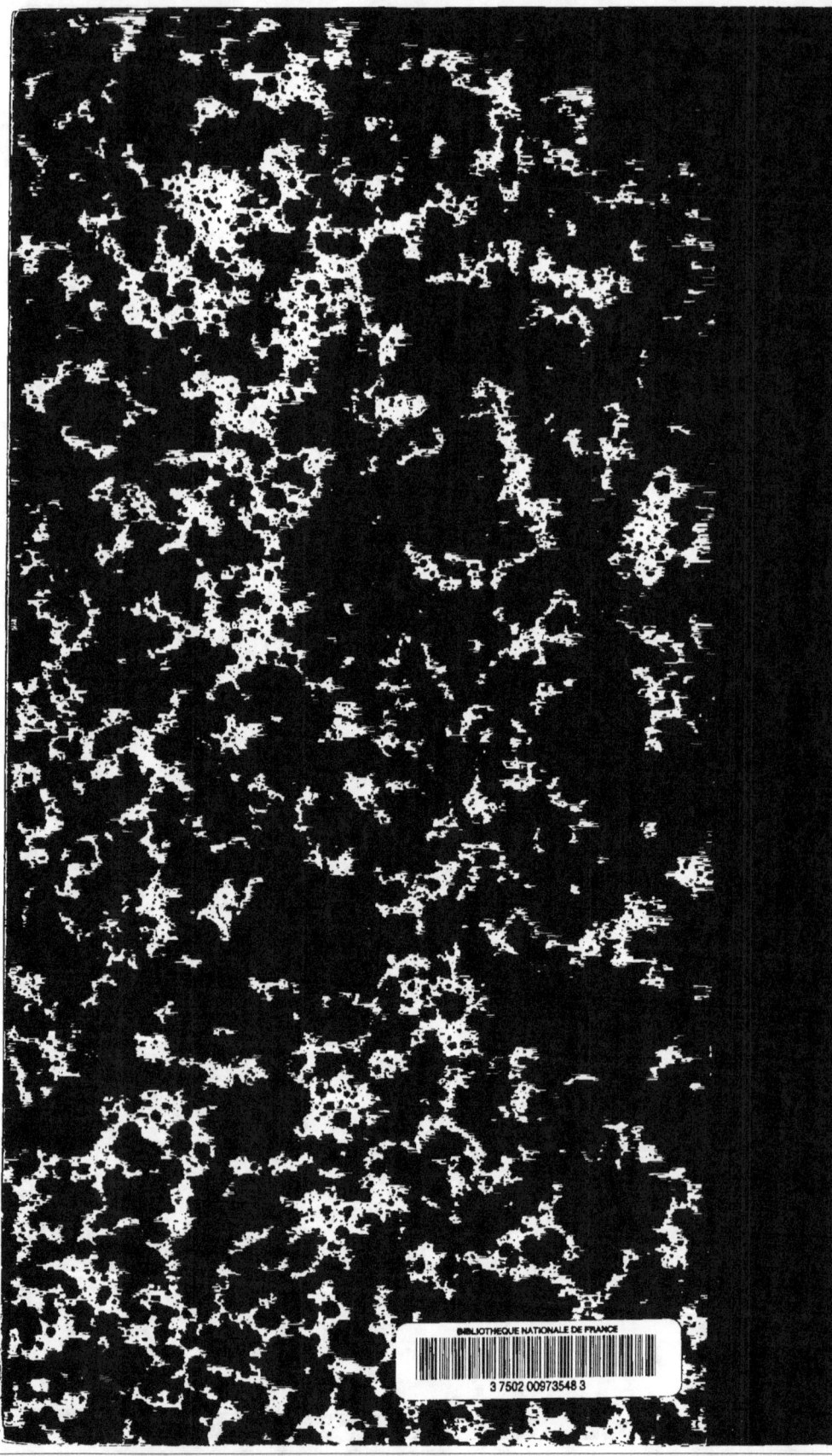

www.ingramcontent.com/pod-product-compliance
Lightning Source LLC
LaVergne TN
LVHW050557090426
835512LV00008B/1208